LE GÉNÉRAL BERTRAND

SUR

LES FORTIFICATIONS

DE PARIS.

A PARIS,

Chez TECHENER, Libraire, Place du Louvre, N°. 12.

Madame PORTHMANN, Imprimeur,
rue Sainte-Anne, n° 43.

1833.

AVERTISSEMENT.

Le discours qu'on va lire, n'a point été prononcé à la Tribune ; la délibération de l'Assemblée Législative, sur les fortifications de Paris, ayant été ajournée. La veille de l'ajournement, j'ai appris que les forts primitivement projettés, et dont le modèle avait été présenté au Comité des ingénieurs, ont depuis éprouvé des modifications importantes ; que ces forts ne sont plus considérés que comme les réduits d'une enceinte en terre qui les envelopperait, et que les plans nouveaux de ces forts ont été soumis à la Commission de la Chambre des Députés, mais non pas au Comité des fortifications.

Ainsi le systéme nouveau de défendre Paris sans un corps de place, a conduit à une disposition de forts qui est une autre nouveauté : double question qui nécessite un examen attentif, d'autant plus que Napoléon, qui avait adopté l'idée des réduits en maçonnerie pour des batteries de côté, n'a pu en faire une application satisfaisante aux enceintes exposées à une attaque régulière, à moins qu'il y eût possibilité de mettre de l'eau dans leurs fossés.

A présent que les plans de l'enceinte, dite de sûreté, et des forts, paraissent terminés complettement, il serait à souhaiter, puisque l'exécution des travaux est forcément différée, que le nouveau projet fût soumis, après que les inspections seront achevées, à une discussion approfondie des hommes du métier, soit, selon l'usage constamment suivi, de tous les généraux du Génie, soit même d'un Comité des hautes capacités militaires de la France; ce qui serait conforme à la loi du 10 juillet 1791.

Il me paraîtrait même fort désirable, je l'avoue, que quelques-uns de nos ingénieurs rédigeassent avec détail le projet de Vauban, modifié par Napoléon.

Alors le comité pourrait prononcer en connaissance de cause et avec toute l'application d'esprit que requiert un examen d'une si haute importance, sur le projet le plus convenable à la sûreté de notre grande Capitale.

J'oserais même ajouter que l'ingénieur dont le projet, en satisfaisant aux conditions les plus importantes du problème, obtiendrait l'assentiment du Comité et des hommes de l'art, aurait des droits réels à la reconnaissance nationale.

L'utilité publique n'est-elle pas le plus puissant aiguillon pour l'officier d'un vrai talent, et même pour le jeune homme qui n'est encore que plein de zèle, lorsque surtout, par leur carrière, l'un et l'autre se sont voués au service de la patrie ?

———————

Suit le Discours projetté qui était destiné à être prononcé à la Tribune.

MESSIEURS,

UN grand nombre de Députés, de militaires, de citoyens, dont le patriotisme égale les lumières, sont d'avis qu'il ne faut point fortifier la ville capitale de la France. Sans doute l'indépendance d'une nation tient essenciellement à son courage, à l'organisation et à la discipline de ses armées, surtout à ses institutions. Loin de le nier, j'exprimerai nettement ma pensée à cet égard.

Si au lieu d'être vainqueur à Zurich, Masséna

eût été vaincu ; si, dix jours après, le général Brune, loin de battre les Anglo-Russes en Hollande , eût été forcé à la retraite, et que par suite de ce double revers , les coalisés fussent entrés dans Paris, c'est l'opinion de personnes bien informées de la situation des choses et des esprits à cette époque, que le retour de la famille de Louis XVI eût été alors impossible.

Mais lorsque les privilèges , ceux surtout de l'imprimerie eurent été rétablis, il en advint tout autrement.

Oui, Messieurs, les institutions peuvent seules fonder l'indépendance et la stabilité d'une nation ; mais elles appartiennent à un autre ordre d'idées, dont nous n'avons pas à nous occuper en ce moment.

Nul ne connaissait mieux que Napoléon le parti qu'un général peut tirer d'une bonne armée, et de tous les élémens qui la composent : infanterie, cavalerie, artillerie. Mais l'Empereur savait aussi que les meilleures armées sont battues, et quelquefois détruites, surtout, lorsqu'après un grand échec, elles ne peuvent trouver un lieu de sûreté pour se réorganiser. Il le savait par l'étude de l'Histoire, il le savait par sa propre expérience.

« C'est la plus grande des contradictions (disait
» Napoléon), de laisser sans défense immédiate
» une Capitale où est l'élite de la nation, le centre
» de l'opinion publique, le dépôt de tout.

» Si (ajoutait-il) Paris, qui a dû son salut dix
» ou douze fois à ses murailles, eût été une place
» forte en 1814 et 1815, capable de résister seu-
» lement huit jours, quelle influence ce grand
» avantage n'aurait-il pas eue sur les événemens
» du monde ! »

Deux projets ont été présentés, Messsieurs, par
des ingénieurs, pour fortifier la Capitale : Une enceinte bastionnée continue, et un mur crénelé,
environné de forts détachés. Le Gouvernement
préfere le second projet. Les plans vous en ont été
distribués ; et votre commission vous propose de
l'adopter par une loi.

Autant que personne, je comprends la difficulté,
je dirais même la bizarrerie, de disserter à la Tribune parlementaire sur des systêmes de fortification. Cependant nous sommes en quelque sorte
dans ce besoin. Je tâcherai de ne pas fatiguer l'attention de la Chambre.

Sans m'arrêter aux motifs de politique intérieure

qu'on dit avoir influé sur la détermination du Gouvernement, je me renfermerai dans la discussion militaire. La France d'un côté, l'étranger de l'autre : ce sont les seuls points de vue sous lesquels je veuille envisager la question.

J'examinerai d'abord les obstacles qu'opposeraient les deux projets, à une irruption étrangere. et à un coup de main. Je comparerai ensuite la résistance par laquelle chacun des deux projets réussirait le mieux à repousser une attaque réguliere ; et je terminerai par quelques observations sur les dépenses et les indemnités dans lesquelles l'un et l'autre pourraient entraîner le trésor.

I. *Attaque de vive force.*

Toute place fortifiée doit, d'abord et avant tout, avoir une enceinte à l'abri d'un coup de main. C'est un principe dont Vauban, Coëhorn, Cormontaigne et les autres ingénieurs ne se sont jamais écartés, que je sache, soit en France, soit en Europe.

Nos grands ports de mer, et notamment Toulon, Brest et Cherbourg qui ont une ceinture de forts exécutés ou projettés afin de préserver du bombardement les darces et les chantiers de construction, les magasins et les arsenaux, ont en arrière une enceinte hors d'insulte.

De même, Messieurs, nous avons eu sous l'Empire un grand intérêt à mettre à l'abri du bombardement les chantiers, ainsi que le mouillage de notre flotte dans le port d'Anvers. Et un camp retranché fut projetté à cet effet. Mais quelque importance que Napoléon attachât à atteindre ce but, dans une ville où il avait vingt ou trente cales de vaisseaux ou de frégates en construction; c'est-à-dire, plus que dans tous les autres ports de France réunis, il commença par charger un de ses officiers les plus distingués, de mettre la citadelle et le corps de place dans un état de défense respectable.

Chacun de vous, Messieurs, peut aisément juger que cet important résultat fut obtenu, puisque l'an dernier, nous avons vu pendant que la ville d'Anvers était occupée par nos troupes, la citadelle seule soutenir vingt-cinq jours de tranchée ouverte.

Une enceinte n'a été regardée jusqu'à ce jour, par les gens du métier, comme à l'abri d'une attaque de vive force, qu'autant que les boulets, la mitraille et la mousqueterie de son rempart, couvraient de feux le terrain environnant.

Et si l'ennemi se décidait à braver ces feux, et à tenter de jour ou de nuit, une attaque ou une surprise, il fallait qu'il rencontrât nécessairement un obstacle matériel, tel qu'un fossé plein d'eau, et à défaut une contrescarpe de dix-huit à vingt pieds, et une escarpe de trente-six à quarante pieds de haut, qui ne pourraient être franchies qu'avec des échelles difficiles à manier, à descendre ou à rassembler dans le fossé, sous la mitraille et la fusillade.

Un mur de deux pieds d'épaisseur ne peut donner aucune sécurité. A la fin de 1808, après les glorieuses journées d'Espinosa, de Burgos et de Sommo-Sierra, l'armée française se présenta devant Madrid. L'artillerie, avec ses batteries de campagne, ouvrit en moins d'une heure, dans le mur de clôture de cette capitale, de larges breches; de telle sorte que l'armée put pénétrer sur plusieurs colonnes.

Le mur d'octroi que M. de Calonne fit construire vers 87, n'a que dix-huit pouces à deux pieds d'épaisseur, et sept à treize pieds de haut. Il est sans fossé, entouré de maisons à une seule portée de pistolet, sur les deux tiers de son pourtour, et de plus dominé dans d'autres parties par le terrein environnant. Aucun ingénieur ne pourrait donner à un tel mur, et dans une telle situation, le degré de résistance qu'on doit attendre d'une fortification permánente; mais cette résistance cependant pourrait être suffisante pour assurer aux assiégés le temps et les moyens d'obtenir une capitulation, et pour les encourager à soutenir la défense des ouvrages en avant.

Le projet que j'examine propose d'exhausser ce mur, et de le renforcer avec des pilastres réunis par un double rang d'arceaux. Commencer par le démolir, serait certainement un travail plus solide, et peut-être plus économique.

Car, si un ennemi se présentait devant les maçonneries projettées, en peu d'heures, les assaillans avec du canon de campagne raseraient les parapets, mettraient à jour les arceaux; et des maisons voisines, la fusillade plongerait dans un grand nombre de tours bastionnées. Les flancs de ces tours, pris d'écharpe et à dos, seraient intenables et abandonnés.

Lorsque les détails de ce projet, dont les critiques publiées jusqu'à ce jour, me semblent sans réplique, seront examinés avec attention, je suis porté à croire que le Comité des fortifications y reconnaîtra les plus graves inconvéniens.

On a dit parmi les gens du métier, que les forts étant éloignés de mille, douze et quatorze cents toises, les canons dont ils seraient armés auraient peu d'effet dans les intervales de ces forts projettés où se trouvent des clôtures, des maisons et des villages ; que l'ennemi pourrait passer dans ces mêmes intervales, presque sans courir aucun risque ; et qu'après avoir dépassé les forts de six à sept cent toises, il n'aurait plus à recevoir de coups de canon, puisque le mur d'octroi serait dans la plus grande partie de son pourtour sans action sur la campagne.

Si ce qui est déjà arrivé se renouvelait encore, si trois armées de nations différentes, de soixante ou quatre-vingt mille hommes chacune, se présentaient devant Paris, et que chacune d'elles, après une vive canonnade contre quelques-uns des forts, attaquât avec deux ou trois colonnes de dix à douze mille hommes, ayant en réserve le reste de ses forces, Paris pourrait devenir en vingt-quatre heures la proie des ennemis, sans qu'il eût été possible aux fortifications permanentes de prendre une part active à la défense de la ville, et sans qu'elles eussent fait éprouver des pertes à l'assaillant.

La résistance de la Capitale dépendrait de maisons crénelées, de villages barricadés et retranchés à la hâte, et de divers petits combats dans lesquels l'assaillant, supérieur par le nombre et la qualité des troupes, devrait naturellement être victorieux.

Mais, il faut le dire, Messieurs, le plan qui vous a été soumis a omis une disposition importante.

Indépendamment des deux enceintes qui y sont indiquées, l'ingénieur a projetté, spécialement sur la rive droite, une troisième enceinte intermédiaire, composée de dix redoutes ou batteries, sur l'emplacement desquelles le Comité a remis à statuer. C'est peut-être le motif qui a empêché de les indiquer au plan.

Ces ouvrages sont fermés à la gorge, revêtus à l'escarpe, et pourvus de cazemates. Ils sont situés là même où Vauban voulait faire passer l'enceinte. Leur canon peut battre la campagne, et du moins il ferait essuyer des pertes à l'assaillant de quelque côté qu'il se présentât.

Ainsi, par exemple, en arriere de la redoute de Passy et du fort de Clichy, distans de quatorze cent cinquante toises, l'ingénieur a tracé trois ouvrages, une redoute à l'Etoile, une autre à Villiers, enfin une batterie à Mouceaux.

Les grandes capitales, a dit Napoléon, ont un certain nombre de positions dominantes sans la possession desquelles il est impossible de se hasarder à entrer dans la ville. Montmartre et Belle-

ville sont de ce nombre. Ces positions ont été indiquées par Vauban. Napoléon les fit fortifier en 1815 ;
et le général Bernard, projette avec raison de les
occuper l'une et l'autre, par deux ouvrages assez
étendus, qu'il appelle tête de Montmartre et tête
de Belleville.

A la droite de Belleville, le projet indique une
redoute à Mont-Louis, et une batterie à Bercy, dis-
tantes de seize cents toises : il indique également
trois autres ouvrages sur la rive gauche.

Lorsque le Comité statuera sur cette enceinte, il
ajoutera probablement quelques nouvelles batteries, notamment sur la route de Vincennes.

Mais ces trois enceintes, toutes trois incomplettes,
ne donneront pas à la Capitale la sécurité que pourrait offrir une enceinte unique, garnie de canons
qui découvriraient la campagne, pourvue d'un
fossé plein d'eau, et des obstacles matériels dont l'art
et l'expérience ont fait reconnaître les avantages.

C'est ainsi qu'en logique plusieurs raisons mé-
diocres ajoutées ensemble, ne valent pas une raison
qui serait réellement bonne.

Quoi qu'il y ait à la guerre de ces faits d'armes

qui ne sont pas communs, il arrive cependant que des places sont escaladées. Mais Schweidnitz présente sous ce rapport une sorte de phénomène. Sa force consiste dans cinq forts détachés : son corps de place est peu respectable. Schweidnitz a été pris quatre fois dans la guerre de sept ans. Deux fois les prussiens s'en sont emparés par un siège régulier, et deux fois les Autrichiens l'ont enlevé l'épée à la main.

En 1757, le général Nadasti ouvrit d'abord la tranchée, puis donna tout-à-coup l'assaut à tous les forts, en enleva deux, et la place se rendit.

En 1761, le général Laudon, qui était posté dans les montagnes, quitta son camp, cerna la ville à la chûte du jour, emporta quatre forts, puis escalada le corps de place.

Le général Darçon a fait sur cette attaque et le succès du général Laudon, la remarque suivante :

« Il est vrai... que l'enceinte de la place avait » été extrêmement négligée... Les forts extérieurs » ne doivent être admis, qu'après avoir pris (dit-il) » toutes les mesures nécessaires pour *ne laisser* » *aucun doute*, même d'opinion, sur la parfaite » sécurité du corps de place. »

Tempelhoff cite l'attaque de Laudon comme un modele , et ajoute que la garnison , eût-elle été deux fois plus forte , n'aurait pas eu les moyens de repousser l'assaillant sur tous les points.

On jugera , par cette dernière observation , que l'embarras de la défense ne tenait pas seulement à la faiblesse de l'enceinte , mais au nombre des forts détachés qui étaient hors de proportion avec le corps de place.

Dans le projet qui vous est soumis , Messieurs , il n'y a pas même de corps de place ; on n'y voit qu'une ceinture de forts. Le Gouverneur de Paris , après avoir distribué ses troupes dans les forts détachés et les deux autres enceintes , dans un grand nombre de faubourgs barricadés et de villages retranchés, s'il est exposé à une attaque combinée , comme celle que je supposais tout à l'heure , sera dans un grand embarras pour faire marcher ses réserves.

Avec une enceinte bastionnée au contraire, la marche à suivre par le commandant est simple et indiquée par l'expérience. L'enceinte de Paris est naturellement divisée en trois parties presque. égales. D'abord la rive gauche , puis les fronts de Bercy à la Villette, qui sont les plus exposés à une attaque régulière ; enfin le reste du corps de place jusqu'à Passy.

Un tiers de la garnison de service, lequel formerait seize à dix-huit mille hommes ; et deux cent à deux cent cinquante par bastion.

Un tiers de piquet, à proximité des remparts.

Un tiers au repos et en réserve.

II. *Enceinte.*

Examinons à présent la résistance dont les deux projets sont susceptibles, dans le cas d'une attaque réguliere.

Vauban a indiqué que l'enceinte de Paris devrait passer sur les hauteurs de Belleville, de Montmartre, de Chaillot, par les faubourgs Saint-Jacques, Saint-Victor, et autres qui pourraient convenir.

Napoléon a calculé que l'enceinte de Paris exigerait quatre-vingts ou cent fronts, cinquante à soixante mille hommes de garnison, huit cents à mille pièces de canon en battérie. Il pensait que les fossés pourraient être remplis d'eau, soit par les moyens naturels, soit par des pompes à feu.

Il a ajouté qu'il faudrait occuper par deux petites places les têtes de pont de Charenton et de Neuilly, afin que l'armée pût manœuvrer sur les deux rives de la Seine et de la Marne.

L'armée et les dépôts des corps pourraient fournir vingt mille hommes, Paris quinze à vingt mille gardes nationales mobiles, la banlieue, les ouvriers des faubourgs, la jeunesse et les étudians de Paris, autres quinze à vingt mille.

Ainsi, sans recourir à des rassemblemens extraordinaires, sans affamer Paris, on pourrait avoir cinquante ou soixante mille hommes de troupes soldées, faisant un service régulier, pendant que cinquante ou soixante mille gardes nationales continueraient à faire le service intérieur.

Les petites places font souvent peu de résistance, parce qu'elles sont cernées et écrasées par une artillerie très-supérieure. Et vous le savez, Messieurs, les sièges sont spécialement une lutte d'artillerie.

Cette infériorité des places diminue à mesure que leur polygone s'agrandit, et les ingénieurs sont arrivés, dans les grandes places, à disposer des fronts en ligne droite, sur lesquels l'assiégé met en batterie autant de canons que l'assiégeant peut en opposer, et l'art est ainsi parvenu à rétablir une sorte d'équilibre entre la défense et l'attaque.

Si l'armée assiégeante met en batterie quatre à cinq cents pièces de canon, sur un développement de tranchées de deux ou trois mille toises, l'enceinte de Paris présentera des fronts presqu'en ligne droite d'un développement égal, et sur les mille pièces qui composent son armement, cinq à six cents seront transportées sur les fronts d'attaque, et l'assiégé se donnera ainsi l'égalité ou peut-être même la supériorité du feu.

Vauban est d'avis que l'ennemi ne pourra entreprendre deux attaques séparées. Mais cette difficulté sera bien plus grande encore, si comme l'indique Napoléon, on occupe par deux petites places les têtes de pont de Charenton et de Neuilly. Dèslors Paris serait difficilement attaqué par la rive gauche, et plus difficilement encore de Montmartre à Passy. Mettre les deux tiers de Paris hors d'attaque serait un beau résultat.

L'attention et les moyens de défense se concen-

treraient sur la rive droite, entre Bercy et Montmartre.

En effet, Messieurs, le véritable Paris est sur la
rive droite de la Seine : c'est aussi de ce côté que
se dirigerait naturellement la ligne d'opérations de
l'ennemi, et qu'elle serait la plus courte. Cette as-
sertion est suffisamment justifiée par la disposition
de nos frontières, et par l'expérience des campagnes de 1792, 1814 et 1815.

La tête de pont de Charenton, qui occuperait le
confluent de la Marne et de la Seine, rendrait très-
difficile une attaque par la rive gauche. Le parc
d'artillerie de cette attaque serait éloigné de cinq
à six lieues du parc de la rive droite, et cette
communication devrait traverser la Seine et la
Marne.

Le fort projetté sur la position de l'Epine, avec
une simple fermeture à la gorge, est peut-être le
seul de tous les forts qui ne contrarie point le projet d'enceinte de Napoléon. Indépendamment de
l'avantage dont ce même fort serait pour le camp
retranché dont je parlerai tout à l'heure, il con-
tribuerait à augmenter la force relative de la place
sur les fronts de la haute Seine. S'il n'y avait plus
que deux forts autour de Paris, Vincennes et l'E-

pine, il serait facile de donner une grande résistance à cette position.

Probablement les ingénieurs parviendraient à
déterminer l'attaque ennemie dans la plaine de
Villette où l'eau ne manquerait pas. Alors les assiégeans seraient réduits à pénétrer dans l'enceinte,
entre les hauteurs de Montmartre et de Belleville,
ce qui serait certainement fort avantageux à la
défense.

Si par suite de ces dispositions, l'ennemi avant
d'entreprendre le siège de la Capitale, voulait s'assurer de l'une des deux têtes de pont, il pourrait
arriver que la garnison de Paris renouvelât l'éner-
gique défense de la tête de pont de Kehl.

La nécessité où sera l'ennemi de faire venir une
artillerie nombreuse, et les munitions nécessaires
à un long siège, l'obligeront à des préparatifs d'un
mois au moins.

Si la place peut résister quarante ou cinquante
jours, un but important sera atteint, celui de donner à l'armée défensive, le temps nécessaire pour
se grossir et reprendre l'offensive.

Durant la guerre de la succession d'Espagne, qui

au commencement du dernier siècle, exposa la France à de si grands dangers, le prince Eugène assiégeant Landrecies avait une ligne d'opérations de cinq lieues. Villars épia l'occasion, força cette ligne à Denain, s'empara à Marchiennes d'un parc de cent pièces de canon et sauva la France. Que de chances favorables fournirait à une armée de secours une ligne d'opérations de cinquante à soixante lieues, pendant un siége de trois mois !

Il faut remarquer que pendant ces trois mois de combats journaliers, les défenseurs s'aguer-riraient nécessairement. Car dans un siège on se bat chaque jour, et le canon gronde pendant les vingt-quatre heures de la journée. Des sorties heu-reuses, des pièces enclouées, quelques prisonniers exciteraient l'enthousiasme. Toute la population s'en mêlerait. Nous avons vu dans les trois jours l'héroïsme d'enfans de douze et quatorze ans. A l'opposé de ce qui se passe communément, la force de la garnison serait peut-être doublée à la fin du siège. De soixante mille hommes, elle arriverait à cent mille ; et cette garnison, véritable armée, qui, à la fin d'un siège et aguerrie pourrait faire des pro-diges, n'aurait pas été capable peut-être à son dé-but de résister à une attaque de vive force, si la place n'eût pas été régulièrement fortifiée.

On a répété ces paroles du Conseil de défense, que Paris ne devait point être défendu comme une place ordinaire. Je dirais à l'encontre, que c'est précisément en se conformant à la marche ordinaire qu'on obtiendrait le résultat non pas inattendu, mais prévu par Vauban, que Paris ne pourrait être pris, ni par famine, ni par un siège forcé. Au lieu qu'en s'écartant des principes indiqués par ce grand maître de l'art, et par l'expérience, on s'expose à manquer le but.

Si des circonstances déterminaient à réunir momentanément sous Paris une armée de cinquante, cent, ou cent cinquante mille hommes, le projet de Napoléon donne le moyen de les placer, soit au-dedans, soit en dehors de l'enceinte.

En effet une armée d'environ cent mille hommes pourrait camper, la droite à la Seine près Charenton, la gauche aux fortifications de Belleville. Ses ailes ne pourraient être tournées. Sur son front de trois mille toises d'étendue, elle serait couverte par Vincennes et par les ouvrages qui pourraient être construits sur la hauteur de l'Epine, ou par le fort qu'on y a projetté.

Le canal de Saint-Denis est une position naturelle que Napoléon a indiquée en 1815. Si cette position était forcée, un corps de trente à quarante

mille hommes pourrait camper, la droite aux fortifications de Paris, la gauche à la tête de pont de
Neuilly.

Mais il ne faudrait pas, ce me semble, réunir
deux cent mille hommes, ni même cent cinquante
mille, pour former la garnison de la Capitale.

La fortification a été définie, l'art de mettre un
petit nombre d'hommes en état de résister à un
grand nombre, pendant un temps déterminé.

Construire des fortifications telles qu'une armée
soit nécessaire à leur défense, serait tout-à-la-fois
contraire aux principes de la fortification et aux
regles de la guerre. Ce serait priver l'armée active
d'une partie de ses forces.

Voici comment s'exprime sur cette question le
plus habile de nos ingénieurs contemporains, feu
le général Darçon, dont la réputation était eu-
ropéenne, depuis les batteries flottantes de Gi-
braltar.

Dans l'ouvrage intitulé : *Considérations politiques et Militaires sur les fortifications, par le général Darçon,* vous lisez, page 200, au CHAPITRE XX,
Des Camps retranchés sous les places, les paroles
suivantes :

« Il faut observer (dit Darçon) que l'idée des
» camps retranchés…. a donné lieu à de fréquen-
» tes méprises pendant la présente guerre…. »

» Plusieurs généraux ont prétendu qu'il fallait
» protéger les places fortes par des corps d'ar-
» mée….. Or, il serait difficile d'exprimer com-
» bien ce préjugé….. a, pendant un certain
» temps, paralysé l'action de nos armées….. »

Voilà ce que Darçon nous enseigne. Il fait ensuite observer à ses lecteurs que les évènemens de
Dunkerque et de Maubeuge rétablirent à cet égard
les opinions, et que ce fut là l'époque du retour de
la Fortune dans nos armées.

« Il faut en revenir aux principes simples (con-
» tinue-t-il). Les places fortes….. veulent être dé-
» livrées après un certain temps….. Jusqu'alors
» elles n'ont pas besoin d'appui….. Pendant ce
» temps-là, les armées défensives….. se grossis-
» sent; elles arrivent enfin au terme de supériorité
» qui les met en état de reprendre l'ascendant de
» l'offensive. »

Passons à une question qui est d'un grand intérêt pour les habitans de la Capitale de France.

Vauban a observé, avec raison, que Paris était une des villes où le bombardement pouvait faire le plus de mal. Paris s'étant agrandi depuis Vauban ne serait plus, dit-on, préservé du bombardement par l'enceinte qu'avait projettée cet ingénieur.

Sur cela, je remarquerai au contraire, quant à l'ancien Paris renfermé entre les boulevards, qu'il serait à présent tout aussi bien garanti qu'il l'aurait été par le passé, avec l'enceinte projettée. Or, c'est dans l'ancien Paris, que sont les quartiers populeux, les rues étroites, les maisons les plus élevées. Mais plusieurs de ces mêmes rues ont été élargies, de nouvelles ont été percées. Des places publiques et des carrefours ont été disposés. Ainsi un bombardement de Paris serait beaucoup moins dangereux à présent, qu'il ne l'eût été sous Louis XIV.

La Capitale s'est agrandie, dit-on ; cela est vrai : mais non pas dans toutes les directions également.

Examinons d'abord la rive gauche.

Paris ne s'est gueres accru sur cette rive que du côté de Vaugirard. Les grands établissemens qui sont à cette extrémité de Paris, existaient au dix-

septieme siècle, tels que la Salpétriere, les Gobe-
lins, l'Observatoire, le Val-de-Grâce. Les batteries
incendiaires d'une armée ennemie seraient éloignées de dix-huit cents toises de Sainte-Genevieve,
du Luxembourg, des Invalides. L'enceinte du général Valazé occupe les mêmes positions que trois
des forts et deux des batteries du général Bernard.

Sur la rive droite, ce serait du côté des fronts
de Villette que le bombardement serait le plus à
craindre. Les batteries incendiaires seraient là éloignées des boulevards de dix-huit cent à deux mille
toises.

Si on le jugeait nécessaire, on pourrait construire, sous le feu du rempart, deux ou trois lunettes dans la plaine de Villette, et peut-être aussi
quelques-unes sur la rive gauche.

III. *Forts détachés.*

Jettons un coup d'œil sur la résistance que peuvent opposer les forts détachés.

Ces forts ont des fronts de soixante-dix toises,
et une largeur totale de cent vingt. Un fort de

cette dimension n'est pas susceptible d'un bon tracé. Les meilleurs ingénieurs y échouèrent. Aussi Darçon proposa-t-il, il y a quarante ans, de suppléer au défaut de flanquement par des cazemates à feux de revers.

On a reconnu que dans un fort de cette grandeur, le tracé bastionné diminuait trop l'espace intérieur, que la plongée des parapets ne permettait pas de voir le fond du fossé. On a voulu suppléer à ce dernier et grave inconvénient par des cazemates. Mais, il y a deux siècles environ, le chevalier Deville en avait signalé les inconvéniens. Il avait été reconnu notamment que les embrasures étaient promptement transformées en ouvertures dangereuses, dont les éclats étaient meurtriers, et que les flancs ne pouvant être couverts par des tenailles, (expression technique dont je ne puis m'empêcher de me servir ici), étaient mis en breche par les batteries de la campagne, sans que l'assaillant fut obligé de couronner le chemin couvert. Il y a plusieurs exemples de breches pratiquées au flanc opposé par des batteries éloignées qui n'avaient eu cependant d'autre objet que de ricocher les faces des bastions.

C'est se faire illusion de croire que des forts de soixante-dix toises de côté, distants de la place, et entre eux de mille ou douze cents toises, puissent faire une longue résistance. La prise de l'un d'eux ouvrirait une trouée de deux à trois mille toises.

Napoléon, en faisant la critique d'un système, dans lequel des forts étaient placés à douze cents toises en avant d'une enceinte, afin d'appuyer la position d'une armée, disait que les assiégeans, en ajoutant trente pièces de gros canon à leur équipage de campagne, enleveraient ce fort en moins de huit jours, avant même d'avoir achevé leur ligne de circonvallation, et se serviraient de ce fort qu'ils auraient enlevé et de son artillerie, pour appuyer leurs attaques contre la place. Mais l'ingénieur qui fut auteur de ce système avait une enceinte bastionnée sur laquelle reposait la défense effective de la place. Les forts étaient en quelque sorte en dehors de la défense, et avaient une destination particulière.

Dans une note dictée sur les fortifications de Paris en 1815, Napoléon qui présentait ses idées d'une manière nette, a employé une expression qui lui était familière. Il voulait que les ouvrages fussent disposés de façon qu'ils pussent recevoir partout de l'artillerie. Car, disait-il, la guerre à coups de canons est comme la guerre à coups de poing, c'est-à-dire : Celui qui sait ou qui peut à un

bataillon en opposer trois ou quatre, à une piece
de canon opposer trois ou quatre canons, celui-là
doit remporter la victoire.

C'est ce principe si simple, toujours présent à la
pensée du grand capitaine, dont l'application lui a
valu si souvent ces succès prodigieux qui ont
frappé d'étonnement l'Europe militaire. C'est d'a-
près ce principe, que surtout à son brillant début
en Italie, et dans cette campagne de soixante-deux
jours en 1814, campagne à la fois si remarquable
et si funeste, Napoléon se jetait au milieu des colonnes de l'ennemi, lorsqu'elles étaient en mouvement, les surprenait, ce qu'il appelait en flagrant
délit, les battait les unes après les autres, et avait
le talent quoiqu'inférieur en nombre, d'être partout supérieur sur le champ de bataille, et par ce
moyen de s'assurer la victoire.

En 1814, après le glorieux combat de Brienne
et la journée malheureuse de la Rothière, pressé
qu'il était dans la ville de Troyes par les masses de
l'ennemi qui se serraient autour de lui, Napoléon,
dans cette situation presque désespérée, se décida
à envoyer un blanc seing à son plénipotentiaire à
Châtillon. Dans la nuit du 5 au 6, dont le sou-
venir pénible ne s'effacera jamais de ma mémoire,
et que nous passâmes presqu'en entier dans le
cabinet de l'Empereur, le duc de Bassano et moi,

l'une de ces nuits de cruelle anxiété, comme nous en avons tant passé, nuits, sinistres précurseurs de la chûte des empires, arrive la nouvelle à cinq heures du matin, que Blucher est en pleine marche sur Paris, que notre corps d'observation est forcé de céder le terrain. A l'instant Napoléon donne ses ordres, laisse quelques troupes pour contenir l'ennemi et masquer son mouvement, part avant le jour avec le reste de sa petite armée, se porte en quatre marches sur le flanc de l'armée de Silésie, la sépare de son général en chef, et en cinq jours remporte quatre victoires à Champ-Aubert, Montmirail, Château-Thierry et Vauchamp. Ce sont de ces coups du génie qu'on admire, que l'on comprend quand ils sont exécutés, mais que l'on n'imite point. *Nascitur poëta* (*).

(*) L'auteur d'une prétendue histoire de la plus désastreuse de nos campagnes, a imprimé qu'en 1812, *l'âge* avait *usé* les *ressorts* du grand capitaine dont *les premieres atteintes de l'équinoxe* avaient amené LE MOMENT CRITIQUE, ni plus ni moins que s'il se fût agi d'une personne du beau sexe. C'est cependant en 1824, dix ans après l'étonnante campagne de 1814, que de telles balivernes ont été imprimées, et qu'elles ont ouvert une porte d'Académie. *Proh pudor!* .... Mais peut-être fut-ce par voie de succession.

Je ferai l'application de ce principe aux fortifications de Paris. J'ai exposé que sur les mille pièces de canon affectées à la défense de cette ville, les assiégés pourraient en employer cinq à six cents, nombre égal ou supérieur à celui que l'ennemi pourrait opposer, pour armer les fronts en avant desquels il déveloperait ses attaques.

Le projet des forts détachés évalue l'armement à dix-huit cent bouches à feu, savoir trois cents pour le mur crénelé, trois cents pour l'enceinte intermédiaire, douze cents pour les forts, dont environ sept cents dans les cazemates.

Les grands forts sont armés de quatre-vingt-cinq pièces de canon, cinquante dans les cazemates, trente-cinq sur le rempart. Ces trente-cinq pièces sont les seules qui agiront sur les tranchées de l'ennemi. Si l'assiégeant leur oppose trente pièces de gros calibre et quatre-vingt obusiers ou pièces de canon provenant de son équipage de campagne, c'est-à-dire une artillerie triple, il fera taire promptement celle de l'assiégé. La guerre à coups de canon, je le répete, est ainsi que le disait Napoléon, comme la guerre à coups de poing.

Partant de cette espèce d'axiôme posé par le grand général, on ne peut se dispenser de remar-

quer dans le système auquel je refuse mon appro-
bation, que les défenseurs de Paris pouvant disposer de dix-huit cent pièces de canon, n'en opposeraient que trente-cinq à l'ennemi. N'est-ce pas,
Messieurs, un problème de fortification résolu
précisément au rebours? Sans doute, on placera
quelques pièces dans les chemins couverts, mais
quoi que puisse faire l'ingénieur pour remédier au
vice fondamental et inhérent à ce système, il tom-
bera d'un inconvénient dans un autre; et le fond de
l'objection restera. Car je n'entends critiquer ici ni
le choix des positions, ni le tracé, ni le détail des
forts. J'attaque seulement le principe; je critique
moins la solution que les données du problème,
c'est-à-dire des forts de soixante-dix toises de
côté, distans entre eux de mille à douze cents toises,
séparés par des clôtures, des maisons, des villages
et jetés en avant des faubourgs, sans qu'il y ait en
arrière un corps de place garni d'artillerie et à
l'abri de l'insulte.

Lequel résistera davantage d'un rempart armé
de cinq à six cents pièces de canon, ou d'un fort
armé de trente à quarante pièces? Telle est en réa-
lité, Messieurs, réduite à sa plus simple expression, la comparaison des deux systèmes qui sont
en présence.

IV. *Dépenses et Indemnités.*

Vauban a évalué la dépense des fortifications de Paris à vingt-quatre millions de son temps, environ soixante-dix, peut-être quatre-vingt millions, valeur actuelle. Je crois que la dépense devrait être encore au moins la même. Mais la somme que Vauban voulait employer à réparer l'ancienne enceinte des boulevards, et à construire deux citadelles en amont et en aval de la Seine, il faudrait, suivant le projet de Napoléon, la reporter sur les têtes de pont de Charenton et de Neuilly.

Les forts détachés sont évalués à trente-cinq millions. En y joignant l'enceinte intermédiaire qui est un complément indispensable de ce projet, ils en coûteraient quarante. Mais si au lieu d'être éloignés entre eux de mille, douze et quatorze-cents toises, ils l'étaient de façon que leurs canons se pussent réciproquement croiser dans leurs tirs, et balayer ainsi le terrain qui les sépare; si chaque front de ces forts était porté de soixante-dix toises à une dimension qui pût satisfaire aux conditions exigées pour une bonne défense, la dépense de cet ensemble deviendrait au moins double.

Pour fortifier Alexandrie, qui n'avait que le tiers du développement de Paris, Napoléon a dépensé soixante-quatre millions, et devait en ajouter douze.

Obtenir à peu de frais la résistance et les mêmes résultats qu'avec un bon système de fortification, est fort désirable sans doute, mais impossible.

Mettre Paris dans un état de défense respectable, avec trente-cinq millions, n'est pas un problême que le projet dont je parle ait résolu. La raison en est fort simple; c'est que le problême est insoluble.

Si on considere les deux projets sous le rapport des démolitions et des indemnités qu'ils occasionneraient, on reconnaîtra qu'elles seraient doubles ou triples avec les forts détachés, de celles qu'entraînerait une enceinte continue.

Il faudrait, dans le système auquel je m'oppose, non-seulement faire des démolitions en avant des forts, mais encore abattre les murs et les maisons qui se trouveraient entre eux; il faudrait, de plus, démolir en arrière des forts, afin que leur artillerie conservât son jeu.

Outre cette triple ligne de démolition, en avant, à côté et en arriere des forts, il faudrait opérer d'autres démolitions, en avant des redoutes et des batteries de la seconde enceinte, afin que l'artillerie pût avoir son action sur les dernieres centaines de toises que l'ennemi aurait encore à parcourir. Je ne dis rien du mur crénelé.

Vauban ne croyait pas qu'on dût être arrêté par la grandeur de la dépense, vu l'extrême importance, pour la guerre, de la fortification de Paris. J'ajoute qu'il pourrait en résulter une économie dans le budget annuel de l'Etat, et une réduction dans son armée permanente.

Et même, dans le cas où la France serait pourvue des institutions politiques et militaires qui peuvent le plus sûrement garantir son indépendance, je crois qu'une bonne enceinte autour de Paris, avec un fossé plein d'eau, serait utile, au moins pour donner le temps de courir aux armes, et mettre Paris à l'abri d'une surprise, soit au début d'une guerre en cas d'une attaque inopinée, soit pendant une campagne à la suite de quelque grand revers; revers auxquels les armées sont toujours exposées, et dont les Romains même ne furent pas exempts.

A l'autorité de Vauban et de Napoléon, les partisans des forts détachés opposent l'opinion du Conseil de défense en 1819, et un avis donné par le Comité des fortifications en 1832.

Mais le Conseil de défense était alors chargé d'un immense travail sur toutes nos frontieres. Le projet de fortifier Paris était d'une exécution douteuse, au moins éloignée. Le Conseil ne connaissait ni le mémoire de Vauban, ni celui de Napoléon.

Le Comité des fortifications s'était abstenu de prononcer, en se réservant de décider, après une discussion spéciale, cette importante question ; et on doit regretter qu'il ait été assez pressé par les circonstances, en 1832, pour prendre une décision sur cet objet si grave, quand la moitié des généraux qui le composent était absente, et avant que les ingénieurs eussent eu le temps de completter leurs projets. La question alors était entiere ; la discussion eût été plus approfondie, et peut-être le résultat eût été tout autre.

Comparer les deux projets, leur tracé, leur dépense, leurs garnisons, leur armement, leur résistance, était une œuvre longue et difficile. Cependant le Comité s'est décidé dans une seule séance, mais trop vîte sans doute.

3 *

Comme cette importante question a été, depuis, longuement débattue, je ne craindrais pas d'en appeler au Comité complettement réuni, ou même aux ingénieurs qui ont opiné pour les forts détachés.

En résumé, Messieurs, le projet qui vous est présenté me paraît avoir de graves inconvéniens, au lieu que le projet de Vauban, modifié par Napoléon, me semble satisfaire à toutes les conditions.

Paris, entouré par un large fossé plein d'eau, serait en parfaite sécurité contre un coup de main.

L'armée aurait toute facilité pour manœuvrer et secourir cette Capitale. L'investissement en serait étendu et difficile.

Une armée, quelle que fût sa force, trouverait protection soit derriere les remparts, soit dans des camps dont le front serait formidable, et dont les ailes ne pourraient être tournées.

La population de Paris, avec un petit corps de troupes de ligne, suffirait à sa défense, sans qu'il fallût recourir à des rassemblemens extraordinaires; et la facilité qu'elle offrirait pour recruter, ou même augmenter la force de la garnison pendant un

long siège, pourrait être d'une grande conséquence.

L'étendue de l'enceinte de la Capitale de la
France, qui n'est pas, à la vérité, un petit inconvénient, aurait du moins l'avantage de présenter
un développement de fortifications égal à celui des
tranchées de l'assiégeant, ce qui donnerait le
moyen de lui opposer une artillerie égale ou supé-
rieure à la sienne, avantage immense dans un siège.

L'addition à l'enceinte des deux têtes de pont indiquées par Napoléon, aurait presque nécessairement pour résultat de mettre les deux tiers de
l'enceinte hors d'attaque; et l'art de l'ingénieur
arriverait très-probablement à réduire l'ennemi à
faire son attaque dans les plaines de Villette; c'est-
à-dire, entre les hauteurs de Montmartre et de
Belleville; ce qui serait fort important pour la défense.

L'enceinte avec quelques redoutes ou lunettes,
placées sous le canon des remparts, garantirait
autant ou peut-être même plus sûrement contre
un bombardement, que le systême des forts détachés.

La dépense, il est vrai, serait et devrait être

de quatre-vingt millions ou même davantage. Mais elle donnerait la possibilité de diminuer l'armée permanente, et pourrait en définitif apporter une économie dans la dépense annuelle de la France.

Les démolitions et les indemnités seraient certainement beaucoup plus considérables avec des forts détachés qu'avec une enceinte.

L'ennemi, enfin, serait obligé à un immense approvisionnement de bouches à feu et de munitions de guerre, circonstance d'une importance telle, qu'elle suffirait pour le détourner d'entreprendre cette hasardeuse et difficile opération, qui probablement tournerait à sa honte, et changerait aussitôt la face de sa campagne ; circonstance enfin qui, dans tous les cas multiplierait les chances de la levée du siège.

Ainsi Paris, ville ouverte, appelle la guerre comme en 1792, 1814 et 1815. Paris bien fortifié l'éloignerait au contraire.

En un mot, Messieurs, le projet de Napoléon offre beaucoup de simplicité, de grands avantages, et mérite de fixer l'attention des ingénieurs et des militaires. Il ne s'agit pas ici d'institutions de liberté, naturelle civile ou politique, mais de guerre. En pareille matiere, Napoléon est l'oracle par excellence.

Le but et les efforts des hommes du métier doivent être, à mon sens, non de combattre, mais de chercher à bien comprendre ce que le génie, le jugement et l'expérience de Napoléon lui ont indiqué comme le plus utile à la défense de la Capitale des Français.

Lorsque le plus habile des ingénieurs dont la France ait à se glorifier, lorsqu'à un siècle de distance, quoiqu'il ne connût pas le mémoire de Vauban, le plus grand capitaine des temps modernes et peut-être des âges passés, ont émis l'un et l'autre la même opinion : le plus sage, le plus sûr est d'y souscrire.

Messieurs, s'il ne se fût agi que de mon propre jugement, ou d'un projet qui me fût personnel, j'eusse gardé le silence, avec d'autant plus de raison, que depuis environ vingt-cinq ans j'ai perdu de vue mon ancien métier ; mais j'ai cherché à expliquer la pensée de Vauban et de Napoléon (1),

---

(1) Dans un rapport à Charles X, un de ses ministres lui présenta l'achèvement de la nouvelle galerie du Louvre et

laquelle m'a paru d'une haute conséquence pour la sûreté de notre Capitale et pour le sort de notre

la construction d'un palais pour le fils de Napoléon, comme des projets déguisés de fortification contre la ville de Paris. Ce palais, selon le ministre, enfilait tout le développement de la rue de Rivoli, laquelle est éloignée pourtant de mille ou douze cents toises, à travers les arbres majestueux des Tuileries et ceux des Champs-Elysées; enfilade que tout lecteur reconnaîtra ne pouvoir exister, pour peu qu'il sache d'un coup-d'œil apprécier la jonction de deux lignes droites. Selon les assertions de ce même ministre au roi son maître, l'empereur Napoléon s'était obstinément refusé à élargir la rue vis-à-vis Saint-Roch; et de plus, disait M. de Tonnerre, la place des Pyramides avait été évidemment destinée à pouvoir, au besoin, recevoir une réserve de troupes et d'artillerie; et par l'acquisition, poursuit encore le ministre rapporteur, et par l'acquisition, dit-il, que Napoléon fit du terrein jusqu'à la rue Saint-Honoré, il s'était assuré les moyens d'agir sur cette importante communication.

Mais aux années les plus brillantes de la gloire du héros, et aussi depuis ses malheurs, je l'ai entendu parler des embellissemens et des fortifications de Paris; j'en ai causé avec des personnes qui furent autant ou plus avancées que moi dans son intimité, et même avec l'architecte chargé de ces constructions civiles. A aucune époque, rien à ma connaissance, n'a pu justifier de pareilles assertions. Je ne soupçonne la sincérité d'aucun ministre des rois Louis XVIII et Charles X; mais si le ministre dont je parle se crut bien informé, patrie. Ce motif seul m'a appelé à la Tribune. Oui, Messieurs, j'ai cru accomplir mon devoir dé ci-

---

il s'est trompé, sans qu'il soit permis d'en douter à aucun militaire.

La petite place des Pyramides, située à la sortie d'une rue projettée qui débouchant près du palais, dans la belle et large avenue de Rivoli, devait être naturellement fort fréquentée, n'avait d'autre objet que de faciliter le tournant des voitures.

Deux compagnies, de quelque arme qu'elles fussent, pourraient à peine se mettre en bataille sur cette même place, qui n'a guère que vingt toises dans sa plus grande dimension. Il n'y a pas dans tout Paris un citoyen de quelque sens qui puisse croire qu'en pareille situation, une telle place ait eu pour objet, dans la tête de Napoléon, de recevoir une réserve de troupes et d'artillerie.

Napoléon fut informé par Talma, qui assistait quelquefois à son déjeûner, que les terrains de la rue projettée étaient la propriété d'un académicien, lequel se trouvait d'autant plus embarassé pour en faire construire les maisons, que les façades devaient en être conformes au plan général déposé à l'hôtel de ville; ce qui occasionnait un surcroît de dépense.

Il faut sortir d'embarras cet homme de lettres, dit Napoléon, j'acheterai son terrain; et M. Népomucène Lemercier en reçut le prix. Cette circonstance nouvelle décida Napoléon à supprimer la rue et à construire à proximité du château, des écuries, afin de remplacer celles qui devaient être démolies avant qu'on achevât le Louvre. Des hangards provisoires furent en effet construits sur cet emplacement pour

toyen, de soldat , d'ingénieur particulièrement.
C'est avec la même conviction, et par un senti-

***

abriter les voitures et les chevaux. Au milieu des agitations qui se manifestaient sous le feu roi, des escadrons de sa garde occuperent ces hangards. Mais cette destination militaire appartient exclusivement aux ministres des deux derniers rois.

Sans doute, Napoléon pensait, comme tout homme réfléchi qui a traversé la révolution, que dans une aussi grande ville que Paris, la résidence du Gouvernement ne devait pas être à la merci d'un mouvement populaire, qu'une disette, qu'un faux bruit pouvait momentanément occasionner contre tout gouvernement de quelque nature qu'il fût, républicain, royal ou impérial. Mais de cette conviction, à prendre des mesures de peur, pour ténir au besoin Paris dans une sorte d'état de siège, la distance n'est pas peu grande.

Sans doute aussi Napoléon n'oubliait pas qu'au 13 vendémiaire, il avait défendu la Convention Nationale, non contre le peuple de Paris proprement dit, qui fut étranger aux attaques de cette fatale journée, mais contre les hommes de l'anti-révolution, qui toujours fort habiles à déguiser leurs vues secrettes, avaient égaré une partie surtout de la population aisée de la Capitale, et lui avaient persuadé qu'en marchant contre la *Convention Nationale*, ils allaient combattre l'anarchie et rétablir l'ordre.

Pendant une partie de la journée, l'artillerie tira seule-

ment réfléchi de la question la plus importante à
mon avis, non-seulement pour notre législation

---

ment à poudre. Et lorsque plus tard la victoire fut reconnue
certaine par toute la ville, un seul homme, le célèbre Lafon,
ancien garde-du-corps de Louis XV et de Louis XVI, non
moins connu par sa haute et belle stature, que par sa figure
qui était aussi belle que sa taille, Lafon, également redouté de près et de loin, de tous les bons tireurs qui as-
piraient au prix d'escrime des jeux floraux de Toulouse,
Lafon, qui, après la défaite de la colonne qu'il comman-
dait, avait été arrêté, criant au galop *Vive le roi*, périt
en poussant le même cri, quand il eut été jugé et con-
damné. Il périt, parce qu'il le voulut ainsi, et qu'il devint
impossible de le sauver. Peu de jours après, une amnistie
couvrit de son voile toutes les erreurs de ces hommes plus
dupes assurément qu'ils n'étaient coupables, et qui, au fond,
étaient de bons citoyens.

Quels que soient l'attachement, le respect que je conser-
verai à jamais, et que je dois à la mémoire du héros qui me
couvrit de ses bienfaits et m'honora de son amitié, je ne me
crois point obligé de le justifier d'avoir attenté aux libertés
de ma patrie, surtout à la liberté d'imprimer et de publier,
chacun selon son bon plaisir; atteinte au plus précieux des
droits naturels appartenans à un peuple civilisé, laquelle a
été, sans aucun doute pour moi, la cause la plus influente de
ses malheurs et des nôtres.

L'Empereur comprenait si vîte et si bien ! Mais au milieu
d'une Cour les conseils n'arrivent pas aisément à celui qui
d'un mot impose le silence; tandis que les hommes d'un

politique, mais aussi et principalement pour la morale de nos consciences, que je continuerai;

---

grand talent, soit qu'ils approchent ou non le Prince, peuvent remédier à tout, s'il y a, non pas privilège, mais liberté entiere et complette de faire imprimer, afficher et circuler les écrits.

Les hommes de la contre-révolution et aussi quelques amis de la Liberté, qui jugeaient toutes les conséquences du rétablissement des privilèges, furent en opposition plus ou moins ouverte avec l'Empereur. Mais Napoléon n'a jamais redouté ni le peuple de Paris, ni le peuple de France. Il a toujours au contraire compté sur leur appui, aux jours de sa prospérité, comme depuis sa cruelle infortune. Les évenemens ont justifié cette confiance. A l'appui de cette observation, je vais rappeler un genre de particuliarités dont je fus témoin en plus d'une circonstance.

Fouché qui venait de temps à autre au lever de Napoléon, lui parlait par fois avec une sorte d'inquiètude vraie ou simulée, des propos de salon et du mécontentement de Paris. Il est arrivé en mainte occasion pareille, qu'après avoir congédié son ministre, Napoléon qui l'avait écouté sans lui répondre, envoyait un piqueur avec deux chevaux de main, dans une rue du faubourg Saint-Antoine. Puis il sortait avec son grand maréchal ou un aïde-de-camp en voiture fort simple, sans armoiries, sans livrée et sans gardes, rejoignait ses chevaux, visitait quelques établissemens publics ou quelques manufactures, et se promenait ainsi pendant deux ou trois heures à cheval et sans aucune suite, au milieu de quinze ou

Messieurs, de réclamer en l'honneur et à la sûreté de notre patrie, toujours bien entendu, en pré-

vingt mille personnes du peuple, qui se pressaient autour de lui.

C'était la seule réponse qu'il faisait à son ministre sur les inquiètudes que ce duc voulait lui inspirer. Les faits parlaient assez haut. Ils sont connus de tout Paris.

Je pourrais en citer d'autres qui ont précédé ou suivi le séjour à l'île d'Elbe, et qui prouveraient la confiance réciproque de Napoléon et du peuple. Ces faits appartiennent à l'histoire : il serait superflu d'en parler ici. La terreur des sentimens populaires a pu agiter l'âme des ministres d'un prince rentré au sein de la France à la suite de toutes les armées de l'Europe, liguées contre elle. Mais le grand cœur de Napoléon fut étranger à ces craintes.

Dixi.

Cependant je me trouve personnellement forcé, par l'effet d'une fausse interprétation que beaucoup de lecteurs, à ce qu'on m'assure, ont donnée à ma lettre à M. Perrotin, de faire disparaître une sorte d'amphibologie politique dont je suis loin d'être l'auteur, et qui ne peut avoir pour cause qu'une préoccupation que je ne comprends pas.

Le fils du grand Napoléon est mort ROI DE ROME. Voilà ce qui est incontestable. Par conséquent la ROYAUTÉ DE sence des tribunaux ; mais des tribunaux uniquement et exclusivement, la

LIBERTÉ ILLIMITÉE DE LA PRESSE.

ROME , dont plusieurs jurisconsultes opinans ont implicitement fait mention , en rappelant le titre du jeune défunt, APPARTIENT au plus proche mâle de la parenté paternelle de ce roi de la ville de Rome et de ses provinces; et aucun des habiles avocats qui ont fait des consultations sur le mémoire d'un de leurs confrères, n'a pu voir autre chose dans madite lettre à M. Perrotin, que ce que j'y ai mis et voulu y mettre. Je parlais uniquement de la royauté de Rome, à laquelle royauté je continue de croire, comme appartenant , non à des prêtres, mais à l'héritier naturel et légitime de Napoléon, fils du héros ; croyance bien fondée, doctrine qui est celle de tous les cabinets politiques de l'Europe, etc., etc., mais qui n'a rapport ni à la France, ni au peuple français , ni à la royauté des barricades.

FIN.